AF533533

Peter Tertinegg

Das Gehen auf den Sohlen des Antipoden

101
Gedichte

Peter Tertinegg

Das Gehen auf den Sohlen des Antipoden

101
Gedichte

Universal Frame

Universal Frame Verlag, Werner Hense, Zofingen
Printed in Germany
Umschlaggestaltung und Satz:
Werner Hense
ISBN 9783905960792

(für C.

Immer schon wollte ich dir einen Brief schreiben
einen letzten Brief, für dann
wenn ich nicht mehr bin
und nie gelang er mir)

Schwung

Eigentlich nahm er ständig nur Anlauf
sonst fiel ihm nicht allzuviel ein
genauer gesagt, fast gar nichts
mal ein bißchen dies
mal ein bißchen das
was halt so daherkam
da nahm er's nicht so genau
aber Schwung nehmen, das tat er – das auf jeden Fall

Erinnerung

Jemand kommt an einem vorbei
schaut einen an, schaut einen nochmals an
und nickt im Weitergehen kurz
sich sicher, einen zu kennen
doch nicht sicher genug
wie nahe

Detail

Manchmal, wenn ich im Badezimmer bin
dann denke ich mir, so ein Fenster in der Wand
aus dem man vielleicht auf einen Baum hinausschauen könnte
während man seine täglichen Verrichtungen ausführt
vielleicht wäre dann alles anders

Der Blick

Es war seine eigene Frau
doch als sie unbekleidet aus dem Bad kam
sah sie ihn in einer Weise an
daß er ihr nur in die Augen zu schauen wagte

Premiere

In einem Kaufhaus sah er sich durch zwei Spiegel hindurch von der Seite
ein nie zuvor gesehener Anblick
und irgendwie ein interessanter Mensch

Der Baum

Es war nicht viel Platz auf dem Bürgersteig
eine Frau mit zwei kleinen Kindern an der Hand kam ihm entgegen
und das eine hielt sich im Vorbeikommen für kurz an seinem Oberschenkel fest
wie er das im Wald beim Vorbeikommen an einem Baum tat

Brosamen

Wollte ich meine Mutter beschreiben
dann wie sie Krümel mit der Hand zusammenstreicht
immer und immer wieder
auch wenn schon längst keine mehr zu sehen waren

Parkett

Es gibt eine bestimmte Käferart
die errichtet auf absterbendem Holz ein kleines Territorium
das habe ich gerade gelesen, sitze nun da
und lebe auch nicht viel anders

Irgendwo

Er war gerade nicht gut drauf
hatte zu nichts recht Lust, blätterte die Zeitung durch
und las irgendwo: Säbelzahntiger haben ziemlich große Pfoten

Orakel

Es gibt da zwei Wiesen, durch einen Zaun getrennt und mit viel Gebüsch
auf jeder der beiden hält sich eine Schar Hühner auf
und mittendrin ein Hahn
kommt man vorbei und sieht beide Hähne, bringt das Glück
sieht man nur einen, dann auch – doch manchmal sieht man gar keinen

Mannestum

Drei Dinge gab es
die es unbedingt zu erreichen galt
Kaugummikauen mit Blasenerzeugung
lange Hosen anzuhaben, anstatt dieser babyhaft kurzen
und die Schultasche nicht mehr auf dem Rücken zu tragen
sondern am Griff wie ein Mann

Die Krankheit

Es war recht lehrreich, zu erleben
wie die meisten jüngeren Menschen, die mitbekamen,
wie alt er war
(zwar nicht uralt, doch eben immerhin alt)
innerlich in Deckung gingen

Im Märchenwald

Krachende Hohlhippen
bewegungslose Spielplatzwippen
messerscharf hervorstehende Windhundrippen
ausgedrückte Zigarettenkippen
züngelnde Schamlippen

Frust

Er wartete mit den anderen
daß der Fahrer kam und die Bustür aufmachte
der Fahrer kam, öffnete die Tür, setzte sich auf seinen Platz
und noch ehe er sie einließ, machte er diesmal auch die hintere
Tür auf
vor der jemand stand, welcher schnell einstieg
und sich auf den begehrtesten Platz setzte

Auf dem Fahrrad

In seiner Nachbarschaft lebten zwei Chinesen
welche sich sosehr ähnelten, daß er sie nicht auseinanderzuhalten vermochte

Eines Tages schenkte er dem einen der beiden sein altes, noch gut erhaltenes Fahrrad
da er sich ein neues gekauft hatte

Nicht lange danach mußte dieser für immer in seine Heimat zurück
und ehe er reiste, teilte er ihm mit
daß er das Fahrrad dem anderen Chinesen überlassen habe

So sah er kurz darauf jenen auf seinem ehemaligen Rad dahinfahren
und obwohl er sich vor Augen hielt, daß es nun der andere Chinese sein mußte
ganz sicher war er sich nicht, ob nicht der eine doch dageblieben war

Wetterbericht

Ist es warm draußen?
Seine Frau stellte ihm jeden Tag in der Früh diese Frage
da er dann schon aus gewesen war, um frisches Gebäck zu holen
und ein jedes Mal dachte er sich dann: Woher sollte denn er das wissen
denn seine Frau und er, sie empfanden die Temperaturen unterschiedlich
so schlief er zum Beispiel immer in der Unterhose und mit nur einer Decke
seine Frau hingegen brauchte mehrere Decken, schlief in einem Flanellpyjama
und hatte dazu manchmal auch noch wollene Socken an
deshalb antwortete er stets: So wie gestern

Ein gutes Zeichen

Er teilte den Apfel mit dem Messer in zwei Hälften
und das gelang ihm so gut, daß er sogar den Stengel halbierte

Ein gutes Zeichen, dachte er
doch wofür, das wußte er nicht

Berufe

Jemand, neben dem er zufällig an der Theke stand
fragte ihn irgendwann, was er beruflich mache

Daß er schon in Pension war, wollte er nicht sagen
und so sagte er: Timedesigner

Der andere schien beeindruckt
zumindest fragte er nicht weiter nach

Ein Dichter

Einmal begegnete ich einem leibhaftigen Dichter
das heißt, eigentlich weiß ich gar nicht, ob es einer war
andererseits bin ich mir dessen völlig sicher

Er stand an einer Theke, neben und hinter sich andere, die auch etwas bestellen wollten
die Kellnerin huschte hin und her
und mehrmals setzte der Dichter an, seinen Wunsch zu äußern
denn er hätte schon längst an der Reihe sein müssen
doch ein jedes Mal kam ihm jemand zuvor

Da hob der Dichter die Hand und fuhr mit dem Mittelfinger mehrmals behutsam
die Rundung seiner Ohrmuschel nach – nichts sonst
und auf einmal wußte ich, das muß ein Dichter sein

Wie es sein muß

Und so gehe ich ein jedes Mal vor:
Ich nähere mich ausgehfertig der Wohnungstür
meine Frau ist schon in Richtung Haustür unterwegs
da mache ich noch einmal kehrt und gehe in die Küche
lasse das Wasser eine Weile rinnen, damit es so richtig kalt ist
fülle ein Glas und trinke es aus: Erst dann begebe ich mich endgültig hinaus

Blicke

Und was habe ich sie gebeten, geradezu bedrängt, mir den Rucksack zu überlassen
wie sehe das denn aus, wenn ein Mann mit einer Frau dahinwandere, und die Frau trage den Rucksack
nein, es war nichts zu machen, der Rucksack wäre gar nicht schwer
und es komme ihr so vor, als ob dann das Ziehen in ihrer Schulter nicht mehr so arg wäre, das sie ansonsten immer verspüre
und so gingen wir eben dahin, sie mit dem Rucksack, welcher zwar wirklich nicht schwer war, doch sehr groß aussah
und ich ohne, und die Blicke der Entgegenkommenden, vor allem die der Männer, die hätte ich mir gerne erspart
am liebsten wäre ich ein jedes Mal stehen geblieben und hätte beteuert: Sie will es ja so

Ein ganzer Mensch

Und ich weiß schon, was sie sagen werden
wenn sie alle nach dem Begräbnis beisammensitzen
und über mich reden, wie ich gewesen bin
und das
und das
und das
und das
und das auch noch

Die ideale Jause

Ich stand in einer Fleischerei
vor mir waren noch zwei Polizisten dran
und der ältere von beiden war schnell fertig
ein Extrawurstsemmerl mit Essiggurkerln, und das war´s – doch der jüngere
zuerst war es eine lange Semmel mit Butter und Bauerngeselchtem
und die Greißlerin hatte die Semmel kaum in der Hand
als daraus ein Vollwertweckerl wurde
und auf Butter und Geselchtem dann eine dünne Scheibe Edamer - nein, Emmentaler
und nun Pfeffer und Salz – nein, nur Pfeffer
und das Weckerl war kaum zugeklappt
als noch ein milder Pfefferoni dazu mußte – und etwas Senf
und auf einmal wurde mir klar, was hier der Fall war:
Der gute Mann suchte die ideale Jause!
Dabei ist er so fesch –, sagte die Greißlerin
während sie mir meine Semmel aufschnitt

Ausschlafen

Er machte die Tür auf – nichts
und da fiel ihm ein, daß heute ja Pfingstmontag war
einer der seltenen Tage im Jahr, an denen die Zeitungsausträger
frei hatten
und er stellte sich vor, wie sie sich nach ihrem Erwachen
wieder wohlig umdrehten und weiterschliefen

Fußweh

Wieder taten ihr die Füße weh
das war oft so, wenn sie von der Schule nach Hause ging
dabei war sie sich heute beinahe sicher gewesen
daß sie die Schuhe richtig angezogen hatte

Die Schuhspitzen müssen immer nach innen zeigen
das sagte ihre Lehrerin ein jedes Mal
wenn sie ihr beim Anziehen half

Doch wo war innen
das würde sie endlich wirklich gerne wissen

Unerreichbar

Eigentlich wüßte ich nicht, wie ich es jemandem verständlich machen könnte
denn entweder versteht man es sofort, oder man versteht es nicht
und dann hilft auch kein noch so bemühtes Erläutern

Ich meine nämlich, daß alles, was ich tue, alle meine Handlungen
welche immer das auch sein mögen, im Grunde nicht gelten
daß all unser Leben, all unsere Bemühungen und Taten
nichts weiter sind als ein einziges: Als ob

Oder vielleicht anders gesagt:
Es gibt da einen gewissen Minihund, zehn Zentimeter klein
und Sie glauben gar nicht, wie traurig eine kälberhohe Dogge auf jenem Photo
auf diesen hinabblickt

Eier

Er kam täglich früh am Morgen über eine kleine Brücke
an deren Geländer Blumenkästen hingen
und wenn er vorbeikam, goß eine alte Frau meist gerade die Pflanzen
doch heute war sie schon fertig damit und kehrte zusammen

Sie haben ja schon gegossen, sagte er im Vorbeigehen
die alte Frau sah kurz auf und kehrte dann weiter
und auf einmal wurde ihm klar, dass das eine andere alte Frau war

Verlaufen

Es war in den ersten Tagen nach Schulbeginn
sie hatte gerade Freistunde und ging in Richtung des Lehrmittelzimmers
irgendwo auf einem der Gänge stand ein Kind und blickte vor sich hin
Na du, sagte sie und blieb vor ihm stehen

Das Kind sah sie an, dann sagte es leise:
Ich finde meine Klasse nicht mehr
Die werden wir schon finden, sagte sie, nahm das Kind bei der Hand
und machte sich mit ihm auf die Suche

Der Lauf der Dinge

Seit er hier täglich vorbeikam
stand immer nur ein Auto in der offenen Garage dieses Hauses
außer von Samstag auf Sonntag
dann waren es ein jedes Mal zwei

So sollte man leben können, fiel es ihm stets ein
wenn er an den jüngeren Mann dachte, der dort wohnte
doch seit diesem Montag, seit knapp einer Woche also schon
stand dieses zweite Auto Tag für Tag auch dort

Schuld

Er kam in die Apotheke
stand vor zwei Angestellten, welche er kannte
die ihn beide lächelnd grüßten

Zu welcher gehen?

Er ging zu der einen
hätte auch zu der anderen gehen können
und fühlte sich sofort schuldig

Blitzstudium

Warum ich nicht fertig studiert habe?
Ich hatte ja eigentlich noch gar nicht so richtig damit angefangen
und in meinem Hauptfach, Trompete, lief es ja gut
doch daneben mußte ich auch Pflichtfächer belegen, unter anderem Chorgesang
und eigentlich schwante mir schon im Vorhinein nichts Gutes
doch ich ging hin – und ein Alptraum wurde wahr
ich saß mitten unter jungen Frauen und sollte nun auch noch mit ihnen singen
sollte sozusagen vor ihnen meine Seele entblößen
und ich öffnete und schloß den Mund wie ein Fisch und ging danach nie wieder hin
natürlich war damit mein Studium beendet

Entkommen

Ein Kind, das der Aufführung eines Puppentheaters zusieht
und sobald das Krokodil auftaucht den Kopf immer seitlich
hält
als könne es so dessen Gefährlichkeit verringern

Die Grenzen der Vorstellungskraft

Zwei Frauen kamen ihm entgegen und unterhielten sich, dann blieben sie stehen
die eine beschrieb mit der Hand zwei größere Kreise und sie gingen weiter
er sprach sie mit ein paar Scherzworten an, und da erklärten sie ihm:
Wenn er wissen würde, worum es dabei gegangen wäre
würde er bereuen, es erfahren zu haben

Der Besitz

Immer, wenn eines von uns Kindern Geburtstag hatte
machte meine Mutter ihm ein sogenanntes Wurstmännlein
das war eine Figur, die sie aus verschiedenen Backwaren und Würsten zusammensetzte
und alles in allem weit mehr, als ein einzelnes Kind auf einmal essen konnte
und natürlich teilten wir es letztendlich mit unseren Geschwistern
doch nachdem wir von der Schule nach Hause geeilt
und bei der Tür hereingestürmt waren
riefen wir als erstes:
Wo ist m e i n Wurstmännlein

Halb so schlimm

Wir haben hier einen herrlichen Ausblick
unter uns die Bucht mit all den Schiffen, las er auf der Karte
während sie in dieser Hochsommerhitze
in der stickigen Stadt schmachten mußten

Jetzt beruhige dich, sagte seine Frau
während sie die Karte an der Kühlschranktür befestigte
als wir das hier bekommen haben
waren die wahrscheinlich schon wieder zu Hause

Weitergesagt

Oder willst du keine Frau werden, sagte die Lehrerin
als das Kind beim Rechnen nicht und nicht weitertun wollte
eine Frau muß rechnen können, sagte sie
zum Beispiel beim Einkaufen

Kurz darauf hörte sie das Mädchen zu ihrer Nachbarin sagen
welche auf ihrem Bleistift kaute und umherschaute:
Willst du keine Frau werden?

Nachricht aus Australien

Es ging ihm, er wußte nicht wie
er tat dies, er tat das
zu nichts hatte er Lust
schließlich schlug er die Zeitung auf
und blätterte sie durch
las ab und zu ein paar Zeilen
und dann die Überschrift:
Die meisten Känguruhs sind Linkshänder

Einkauf

Milch, Topfen
das Kind dort im Einkaufswagen
Käse, Butter
fährt einfach so durch die Gegend
Germ nicht vergessen, da ist der Germ
einfach so durch die Gegend dahin
Eier, Eier, Freilandeier
ich wär gern das Kind, das so durch die Gegend fährt
Zucker, Zucker, wo ist der Zucker

Der Unterschied

Ein Kind muss zur Strafe im Eck stehen
und lehnt sich dabei an die Wand

Die Wand kann alleine stehn, sagte die Lehrerin
Ich nicht, sagte das Kind

Wie meinen Sie Ihr Wie meinen Sie das? ?

Abwarten

Es gibt ein gewisses Alter
ab da beginnt man sich zu fragen, etwa wenn man gerade
Kirschen von einem Baum ißt
ob man auch im nächsten Jahr noch Kirschen von diesem Baum
essen wird

Abwarten

Überanstrengung

Ihm träumte
seine Frau habe neben ihm noch zwei weitere Freunde
wobei er so tat, als ob er ihr beide gönnte

Als er erwachte
war er völlig fertig

Abendvorstellung

Wenn er als Kind mitbekam
daß seine Eltern am Abend ins Kino gehen wollten
schrie und schrie und schrie und schrie er
bis sie zu Hause blieben

Dunkler Mond

Der Allerletzte
der Allerletzte in der Hierarchie
der Allerletzte in der Hierarchie eines Zuchthauses
wie es dem wohl gehen mag
dem Kindermörder
dem

Danach

Es war seltsam
der Muttertag nahte
und er musste sich kein Geschenk überlegen

Ersatzspieler

Ich bin ein Ersatzspieler
das wahre Leben spielt sich woanders ab
vielleicht in einer der Nachbarwohnungen
ich bin nur Ersatzspieler

Vor dem Aufstand

Irgendetwas Einschneidendes gehört her
eine Art Erdbeben, vielleicht sogar ein wirkliches
und nicht ständig dieses lauwarme Herumgewabere
dieses elende Leben vor dem Fernseher

Rollenbild

Da sah er diesen Putzmann, einen jungen, großen, kräftigen Menschen
der sein Gestell mit den Abfallbehältern und Geräten dahinschob
und urplötzlich überkam ihn Mitleid mit ihm
daß er solch erniedrigender Tätigkeit nachgehen mußte
doch wäre es eine Putzfrau gewesen, es hätte ihn kaum berührt

Was dann

Es gibt Paare, da kann man sich den einen ohne den anderen gar nicht vorstellen
ganz einfach deshalb, weil man den einen nie ohne den anderen sieht
doch was dann, wenn einer von beiden nicht mehr ist

Pech gehabt

Als Kind mit jemandem immer wieder sein Jausenbrot teilen
und als Erwachsener von diesem nur mit Unwillen
beinahe mit Feindseligkeit wiedererkannt werden
ja, es mit ihm am Ende gar in einem Prozeß als Richter zu tun bekommen

Wie es ist

Bei Schwarzen, Slawen, Türken und dergleichen dachte er sich ein jedes Mal:
Ich bin besser – das ist einfach so

Bei Deutschen, Schweizern, Amerikanern dachte er sich:
Die bilden sich nur ein, sie wären besser – sind sie aber nicht

Ausweglos

Manchmal fällt mir ein Onkel ein, der nach dem Tod seiner Frau alleine lebte
den meine Eltern dann einmal zu Weihnachten einluden, das Fest mitzubegehen
und wie verloren uns dieser Mensch vorkam, obwohl er sich spürbar bemühte, mitzufeiern
doch es half alles nichts, er war wie ein Fremdkörper
und bald darauf schon nicht mehr am Leben

Erinnerung

Ich weiß nicht, warum ich mich gerade jetzt daran erinnere
es war ein schmales stilles Mädchen, das auf dem benachbarten Bauernhof lebte
damals, als wir unsere Sommerferien noch auf dem Land verbrachten
es trug eine Perücke, weil es mit vier Jahren mit den Haaren
in eine landwirtschaftliche Maschine geraten war
was wohl aus ihm geworden sein mag

Heilen

Sie sah ihn auf einmal an und sagte übergangslos
sie werde sie dort aufsuchen, wo sie täglich anzutreffen waren
sogar noch, wenn es schon längst kalt sei, am Rande des Stadtparks
wo sie in einer Art offenem Schuppen an einem langen Holztisch
säßen
und aus Doppelliterflaschen Wein tränken und rauchten
all ihre Habseligkeiten in Plastiktaschen neben sich
und sie werde an ihrem Tisch stehen bleiben und ihre Bluse öffnen
und sie würden beim Anblick ihrer drei Brüste bis ins Innerste er-
schauern
und hingehen und ihr Leben ändern – dann blickte sie wieder von
ihm weg

Löwinnen

Alter Löwe, der, vom Rudel verstoßen
sich ins Dickicht zurückgezogen
viele Frauen gehabt
nun keine mehr

Lokales

Sterben möchte ich hier nicht
den Fahrradschuppen vor dem Fenster, keine richtige Aussicht
zwar zwei Bäumchen, doch ziemlich klein
sterben möchte ich hier nicht
doch wo sonst

Engpaß

Als homosexueller Verkehr noch bei Strafe verboten war
und ihn am Bahnhof jemand ansprach, der etwas von ihm wollte
und er ihn hinhielt und von ihm eine Zigarette nach der anderen rauchte
da ihm das Geld ausgegangen war

Gedicht vom Neumond

Als Kind entsetzte es mich
als ich auf einer Parkbank einen Toten sah
dem hatte man einen Kartoffelsack übergezogen
damit er leichter lehne

Gestern kam ich wieder an der Bank vorbei
ein Mann saß dort
ich fragte ihn nach der Zeit
er dankte

Ungarnaufstand

Mit ihrem schlanken Hals
wird der Henker wohl wenig Arbeit haben
stand unter dem Titelphoto der Tageszeitung:
Er sah lange von dem Bild nicht weg
war gerade neun geworden

Beharren

Ich bin eine Doppelhaushälfte
in der anderen Haushälfte
ist meist niemand da
vielleicht nie

Ich bin eine Doppelhaushälfte

aben Si Fe er

Schulanfang

Er hatte einen Freund, schon am ersten Schultag
jeden Morgen stand er vor der Tür, die Schultasche um
rückte sie zurecht und sagte lächelnd: „Gehen wir?“
nach einer Woche blieb er aus
Kinderlähmung
kam nie mehr

Auf dem Fußballplatz

Auf dem Fußballplatz
waren die beiden Tore umgelegt worden
nicht zu benützen also
waren Eigentore
sozusagen

Beginnende Freundschaft

Er saß auf der Terrasse
ein Nachtfalter flatterte daher, dann saß er auf seinem Unterarm
und als er ihn anblies, flatterte er davon
widerstrebend

Der Titel

Man wird ja nicht jeden Tag aufgewertet
umso schöner war es, als auf einer Geburtstagsfeier
ein kleines Mädchen seine Frau fragte:
Und was trinkt dein Herr?

Das Schönste

Wäre ich blind, ich würde lange Stunden am Fenster sitzen
und den Vögeln im Garten zuhören
ab und zu würde es regnen

Früher war ich der Meinung, das Schönste auf der Welt wäre das
Erlebnis des Meeres
das Geräusch seiner Brandung u n d sein Anblick, beides zusammen, doch nun wüsste ich es besser

Das Schönste auf der Welt wäre das Geräusch der Regentropfen
wenn sie auf die Blätter eines Baumes fallen
ja, darüber hinaus ginge wohl nichts

Ferdinand

Eine Frau mit einem Mops kam ihm entgegen
sie redete auf das Tier ein, und ihm war
als hörte er sie dabei Ferdinand sagen

Im Vorbeikommen fragte er
ob das Tier wirklich Ferdinand hieße – ja, sagte sie, Ferdinand
Ferdinand -, dachte er im Weitergehen

Der Umworbene

Gerne lese ich Heiratsannoncen, bei denen ein Mann gesucht wird
gebildet
weltoffen
authentisch
humorvoll
reif
liebevoll
nachdenklich
neugierig
zärtlich
zupackend
flexibel

und sofort habe ich das Gefühl, daß das auf mich zutrifft

(doch für alle Damen hätte ich keine Zeit)

Der Unterschied

Schnee Ende November ist deprimierend
er sagt einem, das wird ein langer Winter
und man schaut betrübt aus dem Fenster

Schnee Ende Februar ist herrlich
denn bald ist es vorbei, bald kommt der Frühling
und man stürmt hinaus und tanzt unter den Bäumen
daß der Schnee nur so von den Ästen stiebt

Der Halt

Ein Kind geht seit ein paar Tagen ohne jede Hilfe
hat sich zuvor immer an einem Finger seiner Mutter festgehalten
und hält dieses Händchen, während es nun ganz alleine geht
weiterhin in die Höhe

Glauben

Gerade hatte ein Mann die Ordination verlassen
da wurde ihm bewusst, mit drei Frauen zusammen zu sein
die Sprechstundenhilfe und deren Assistentin waren zwei weitere
die Ärztin mit der bei ihr befindlichen Patientin noch einmal zwei
sieben Frauen und er
was nun, wenn diese sich alle heimlich ausgemacht hätten:
Der muss jetzt dran glauben

Gedenken

Es konnte sein, dass er
auf der Straße etwa oder auch im Supermarkt
überraschend eine Schwalbe hinlegte und dabei:
Für Turnvater Jahn – ! ausrief
seine Frau, dergleichen von ihm gewohnt
nickte dazu lediglich

Der Bonus

Sie waren in einem Kleidergeschäft
die Rechnung betrug 49,99
und er konnte sich dann nicht zurückhalten
beim Bezahlen an der Kassa zu fragen
was sie für den einen Cent, der auf 50 fehlte
jetzt n i c h t bekommen hatten

Zu tun geben

Manchmal überkommt es mich
wenn ich so auf der Straße dahingehe und ein Auto
sich nähert
ich hebe die Hand zum Gruß und freue mich darüber
daß jemand jetzt zu überlegen beginnt
wer das wohl gewesen sein mag

Warum der Schneemann grinst

Im Gegensatz zu den Ovarien
haben es die Spermien gerne kühl
deshalb liegen die betreffenden Organe außerhalb
wo es eben kälter ist

Warum sich der Augenarzt schon auf den Urlaub freut

Nicht
mehr
Tag
für
Tag
fremden
Menschen
lange
in
die
Augen
schauen
müssen

Hast du ein Geschenk für mich?

Sie ging in die erste Klasse und einen jeden fragte sie
aus welchen Gründen auch immer:
Hast du ein Geschenk für mich?
bis ihre Lehrerin sie das eines Tages als erste fragte
und sie vor lauter Schreck wie knochenlos zusammensank

Auf den zweiten Blick

Schön, daß die alten Dichter wieder auftauchen
so dachte er, als er bei einem Zeitungskiosk
das Wort Aischylos las
ehe er nochmals hinblickte und feststellte
daß da Asylchaos stand

Die Begegnung

Mitglieder der Einsatzgruppe Cobra
bewegen sich lautlos und schwer bewaffnet treppaufwärts
als ihnen aus einer der Wohnungen ein älteres Ehepaar entgegen-
kommt
freundlich „Guten Abend“ wünscht
und keine Antwort erhält

Kein Weiterkommen

Auf einmal merkte er, zuerst an der Farbe
daß es nicht sein Schirm war, den er da in der Hand hielt
und ging nach kurzem Überlegen den ganzen Weg wieder zurück
tauschte ihn im Schirmbehälter des Wartezimmers gegen den seinen aus
bevor er, wieder auf der Straße, unsicher wurde, ob sein Schirm
einen solchen Griff hatte

Der Grund

Sie sprachen über ein aktuelles Ereignis, Erstkläßler und ihre Lehrerin
es ging um die vielen Flüchtlinge, die zur Zeit nach Europa kamen
und irgendwann sagte eines der Kinder:
Sie streiten wegen der Götter

Die Enthüllung

OPAS Festival" las er
und fragte sich, ob es da wohl etwas für einen wie ihn umsonst gab
dann fuhr der Lastwagen an, welcher das Plakat zum Teil verdeckt hatte
und „EUROPAS Festival" tauchte auf

Seife

Wenn Sie einmal so richtig Selbstbewußtsein tanken wollen
dann kaufen Sie sich ein großes Stück Seife
und wenn ich sage groß, dann meine ich eines, das Sie kaum mit der Hand umschließen können
aber kein ovales, nein, ein quaderförmiges mit harten Kanten
und wenn Sie es dann in der Früh in die Hand nehmen und hin- und herwenden
dann werden Sie endlich so richtig Luft bekommen und Ihr Brustkorb wird sich weiten
und den kleinen Rest der vorherigen Seife – schmeißen Sie ihn einfach weg

Süßigkeiten

Wäre er ein Auto, so dachte er sich
ginge es ihm irgendwie durch und durch
wenn er im Vorbeifahren auf einem Plakat die Werbung läse:
Waschanlage mit neuen Bürsten

Die Wacht

Ein hellbrauner Falter
sitzt den ganzen Tag schon
mit ausgebreiteten Flügeln außen auf der Haustür
und beschützt uns
bewegungslos

Leben

Das sich ändernde Bild der im Hof spielenden Kinder
einige kommen dazu, andere verschwinden
in Richtung Erwachsensein

Licht

Sein Leben war begrenzt
einerseits durch sein natürliches Ende
andererseits durch das gleichfalls natürliche Ende
sollte seiner Frau etwas zustoßen, denn das würde er nicht überleben
er würde ganz einfach erlöschen, ohne sich etwas antun zu müssen
das hatte er gemerkt, als sie für länger verreiste
und er sich zu fragen begann, wie es wäre
wenn sie nicht mehr zurückkäme

Himmelsblau

Meine Mutter hat das Blaue vom Himmel heruntergelogen
und das habe ich von ihr

Meine Mutter hat das Blaue vom Himmel heruntergelogen
und so vielleicht auch mich

Neujahr

Wenn ich mein Geburtsdatum zurückrechne
so wurde ich wahrscheinlich zu Silvester gezeugt

Ein gutes Jahr, wünschte mein Vater meiner Mutter
Ein gutes Jahr, wünschte meine Mutter meinem Vater

Lupinen

Früher lebte er mitten in der Stadt
in unmittelbarer Nähe von Cafés und Kinos
nun bewohnte er die Räume eines kleinen aufgelassenen Bahnhofs
vor den Fenstern wuchsen verschiedenfarbige Lupinen
manchmal fuhr ein Zug vorbei
und wenn ein Kind winkte
winkte er zurück

Der Großvater

Sie saßen das erste Mal beim Mittagessen
irgendwann fragte die Familienhelferin das Kind:
Und du, willst du auch Bauer werden?
Altbauer, sagte das Kind

Der Zweig

Die junge Frau, die sich weiter weg auf dem Wiesenweg dahinbewegte
ging so langsam, daß der Hund, den sie an der Leine führte
wohl sehr klein sein mußte

Doch als sie näher kam, war da kein Hund
nur eine junge Frau, die langsam dahinging
einen Zweig in der Hand

Kindergärtnerin

Sie putzte ihre Schuhe
und lächelte auf einmal, denn ihr fiel ein:
Eigentlich sinnlos, sie steigen mir ja doch gleich wieder drauf

Anmut

Der Himmel war bedeckt
die Menschen sahen einander im Vorbeikommen feindselig an
alles war grau in grau, nichts mehr ging

Er kam an Stallungen vorbei
aus einem der Fenster schaute ein Pferd heraus
die reine Anmut

Der Schnee

Der Schnee ist weiß

der Schnee ist kalt

der Schnee

Der Schnee ist die Erinnerung an die Schöpfung

Im Schein

Es war während einer Sendung über ein Nomadenvolk
irgendwann sah man eine Frau über einem offenen Feuer
Milch rühren
die Flammen flackerten und leuchteten immer wieder den ganzen
Raum aus
in dessen Hintergrund zwei Rinder lagen

Und diese beiden Rinder

Das eine sah leicht seitlich vor sich hin
das andere in eine Richtung, in welcher lediglich die Jurtenwand war
und beide schienen, vom Feuer beleuchtet
innere Bilder zu betrachten

Schwalben

Er lehnte wie immer um diese Zeit aus dem Fenster
und sah dem abendlichen Treiben auf der Straße zu

Zahlreiche Leute saßen in den Cafés oder flanierten dahin
Schwalben segelten im Tiefflug

Schließlich sah er nur noch den Schwalben zu

Klang

Die Kinder hatten mit farbiger Kreide ein Paar auf den Asphalt gezeichnet
jeder der beiden trug eine Art herzförmiger Fibel am Gürtel
und auf einmal spürte er, wie sehr er seine Frau liebte

Solos

Er sah einen Chor und fragte sich, wer da wohl in wen verliebt sei und nur für ihn sänge

Mit leichtem Gepäck

Ein Kind hüpft dahin
nur eine Plastikfolie in der Hand
Zeugnistag

Aufbruch

Er ging dahin
es wehte ein leichter Wind
und am Himmel verwischte ein Kondensstreifen

Inhalt